**우리 숲을 살린 나무 과학자 현신규**

**초판 2쇄 발행** 2024년 4월 5일

**글** 유영소　　　**그림** 김효연
**감수** 현정오, 한국수목원정원관리원 시드볼트운영센터
**펴낸이** 정혜숙　　**펴낸곳** 마음이음

**책임편집** 이금정
**등록** 2016년 4월 5일(제2016-000005호)
**주소** 03925 서울시 마포구 월드컵북로 402, 9층 917A호(상암동 KGIT센터)
**전화** 070-7570-8869　　**전자우편** ieum2016@hanmail.net
**블로그** https://blog.naver.com/ieum2018

**ISBN** 979-11-92183-50-3　73990
　　　　979-11-960132-3-3 (세트)

ⓒ 유영소 김효연 2023
*이 책의 내용은 저작권법의 보호를 받는 저작물이므로 무단전재와 복제를 금합니다.

어린이제품안전특별법에 의한 제품표시
**제조자명** 마음이음　**제조국명** 대한민국　**사용연령** 9세 이상 어린이 제품
KC마크는 이 제품이 공통안전기준에 적합하였음을 의미합니다.

우리 숲을 살린 나무 과학자

# 현신규

유영소 글 | 김효연 그림
현정오, 한국수목원정원관리원 시드볼트운영센터 감수

마음이음

· 추천의 글 ·

어린이는 나라의 희망입니다. 어린이들이 꿈을 가지고 건강하고 지혜롭게 자란다면 앞으로 우리나라에 꼭 필요한 훌륭한 일꾼이 될 것입니다. 모든 어린이는 각기 다양한 재능과 무한한 잠재력을 가지고 태어났습니다. 모두 자신의 적성에 맞고 재능을 마음껏 발휘할 수 있는 일을 찾아 그 일에 최선을 다한다면 그 분야에서 크게 성공할 수 있을 것입니다.

향산(香山)은 현신규 선생님의 '호'입니다. 임학을 전공하여 일생을 산과 더불어 살겠다는 뜻을 담고 있지요. 향산 선생님은 지금의 초등학교인 안주보통학교를 졸업하고

남강 이승훈 선생님이 민족 운동을 위한 인재와 선생님들을 양성할 목적으로 평안북도 정주에 세운 오산중학교에 입학하였습니다. 그곳에서 이승훈 선생님과 민족 자주 독립운동의 지도자인 고당 조만식 선생님의 가르침을 받으며 나라 사랑하는 마음을 갖게 되었습니다.

　향산 선생님은 문학과 철학을 공부하여 훌륭하고 멋진 강연자가 되는 것이 꿈이었습니다. 그러나 아버님의 뜻을 따라 수원고등농림학교 임학과에 입학하게 되어 자신의 꿈을 이루지 못하게 되자 실망과 좌절에 빠져 인생의 목표를 잃고 방황하였습니다.

　그러다가 일본의 유명한 기독교 사상가인 우치무라 간조의 전집 강연록에서 '지금 네가 있는 그 자리에서 최선을 다하는 것이 네가 이 세상에 태어난 이유와 목적을 달성하는 길이다.'라는 글귀를 읽고 크게 깨우치고 바로 마음을 다잡아 임학 공부와 연구에 최선을 다하였습니다.

결국 향산 선생님은 우리나라의 헐벗은 산을 푸르게 하여 산림 녹화 사업을 성공적으로 이끌었고 나아가 국내뿐 아니라 세계적으로 뛰어난 임학자가 되셨습니다.

향산 선생님은 산림이 울창해야 좋은 식수는 물론 농업과 산업에 필요한 물이 풍부하게 되어 나라가 부강해질 수 있다는 산림부국론을 내세웠습니다. 그리고 이를 위하여 신념과 집념을 가지고 열심히 노력하여 헐벗은 우리나라의 산을 다시 푸르게 만드는 데 크게 공헌하였습니다.

제가 어렸을 때 저의 아버님께서는 매일 식사하시는 시간 외에는 연구실에서 연구에 몰두하시다가 새벽이 되어서야 집에 오셔서 주무셨습니다. 정말 엄청나게 집중하여 노력을 많이 하셨습니다. 어릴 때 아버님의 연구실이 제 놀이터였던 저는 아버님께서 하시던 포플러 교배 연구, 소나무 삽목 연구 등을 보고 자라면서 자연스럽게 생물학 특히 임업에 관심을 갖게 되었습니다. 후에 저도 대학과

대학원에서 아버님의 뒤를 이어 임학 공부를 하게 되었으니 향산 선생님은 저의 자상한 아버지이자 평생 학문의 스승이셨습니다.

자신의 적성에 맞고 재능을 발휘할 수 있는 여건이 주어진 어린이는 물론, 혹 사정이 여의치 않아 희망하는 꿈과는 다른 길로 가거나 형편이 어려워 꿈을 이루기 어려운 상황에 빠진 어린이들도 있을 거예요. 그 어린이들에게 향산 선생님을 본보기 삼아 좌절하지 않고 자신이 현재 몸담고 있는 상황 속에서 주어진 일을 성실히 하며 최선을 다하라고 용기를 주고 싶습니다. 또한 비록 처음 자신이 꿈꾸던 바는 아니더라도 그 분야에서 크게 성공할 수 있다는 것을 보여 준 향산 선생님의 이야기를 담은 이 책을 읽어 볼 것을 추천합니다.

현정오
(서울대학교 농업생명과학대학 산림과학부 명예교수)

## 차례

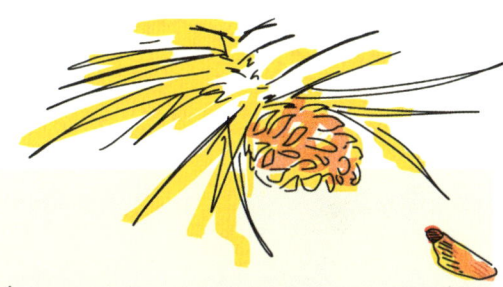

추천의 글 • 6

프롤로그 • 12

---

왜 하필이면 나무야? • 14

---

초록 나무가 간절하니까 • 30

---

기적의 소나무 리기테다 • 45

---

끝까지 나무 과학자 • 61

---

에필로그 • 76

더 알아봐요 • 78

작가의 말 • 92

## 프롤로그

안녕! 나는 리기테다소나무 씨앗이야. 나는 수원에서 태어났고 지금은 시드볼트에 있어.

경상북도 봉화군에 있는 시드볼트는 전 세계에 두 군데밖에 없는 씨앗 금고야. 지구 종말이라는 큰 위기

에 대비해서 야생 식물들의 종자를 저장해 둔 곳인데, 여긴 진짜 굉장해! 국립백두대간수목원 지하 깊숙이 터널을 뚫어 아주 커다란 벙커를 만들었거든. 두꺼운 강화 콘크리트로 지어서 지진이나 미사일 공격에도 끄떡없지. 나는 미래에 지구를 구할 씨앗 중 하나인 거야.

  우리 리기테다소나무들은 나무 과학자들한테서 태어났어. 그중에도 현신규 박사님은 우리에게는 아버지와 같은 분이지. 그래서 너희에게 현신규 박사님 이야기를 꼭 들려주고 싶었어.

### 왜 하필이면 나무야?

하아!

신규는 턱 막혔던 숨을 터뜨리며 생각했어요.

'백두산을 어떻게 말로 설명할 수 있을까? 숨 막히게 아름답고 엄숙한 이 산을…….'

해가 막 떠오를 무렵, 백두산이 안개 옷을 벗고 자기 모습으로 일어서고 있어요. 크고 으리으리한 봉우리들마다 금방이라도 천사가 내려올 것만 같아요. 천지를 둘러싼 회색 암석들이 햇빛에 반짝이고, 하늘에 닿은 호수는 구름을 품은 채 노래하고 있어요. 신규의 귀에는 바로 그 노랫소리가 들렸어요.

♬ 백두산 뻗어 내린 금수강산
우리 민족 반드시 되찾을 걸 나는 믿지 ♪

1939년, 신규는 우리나라 최초의 '백두산 자원조사대'로 뽑혔어요. 비록 일제가 주관한 조사였지만 신규는 백두산에 큰 감명을 받았어요. 거대하고 울창한 원시림도 놀라웠지만, 우리 민족이 아주 특별하게 생각하는 백두산의 진짜 모습을 보았으니까요. 신규는 일본에 지배를 받던 식민 시대에 태어나 자랐어도 우리 민족의 독립을 한 번도 의심한 적이 없었어요. 그래서 '백두산의 노래'를 마음으로 알아듣고 함께 부를 수 있었지요.

신규는 백두산의 나무를 알기 위해 흙부터 꼼꼼히 조사했어요. 특히 백두산 분화구와 가까운 증산[1] 부근에서 화산재를 주의 깊게 살폈지요. 화산이 폭발할 때 타 죽은 나무 숯을 찾아내어 차근차근 분석했어요. 과연 가문비나무들의 잔해가 발견되었어요.

"지금은 잎갈나무로 뒤덮인 지역이지만 화산 폭발 전에는 가문비나무로 그득한 극상림[2] 상태였을 거야."

화산 폭발 이전의 숲 상태를 알아낸 신규는 잎갈나무의 나이테가 300년 이상이 되었다는 것도 발견했어요. 백두산의 마지막 폭발이 당시를 기준으로 약 350년 전에 있었다는 사실을 밝혀낸 거예요. 산 여기저기 훑으며 나무들의 분포 등을 세세히 살피는 신규에게 백두산은 많은 것을 가르쳐 주었어요.

'나무만 볼 것이 아니라 숲과 산을 둘러싼 모든 환경, 그 전부를 보아야 해. 나무는 있는 그 자리에서 최선을 다해 살아 내니까.'

백두산에 오르기 전의 신규와 백두산을 내려오는

---

1) 백두산 천지로부터 5km 동쪽에 위치한 봉우리. 해발 1510m임.
2) 그 지역의 기후 조건에서 더할 수 없이 가장 좋은 상태에 이르렀다고 생각되는 숲

신규는 다른 사람 같았어요. 신규 스스로도 마음의 키가 훌쩍 커진 것 같았어요. 나무 과학자로 성장한 제 모습이 뿌듯해서 자꾸만 웃음이 날 정도였어요.

그러나 신규는 처음부터 나무에 관심이 많았던 아이는 아니었어요. 왜 하필이면 나무냐고 화를 낸 적도 있는걸요. 신규는 큰형처럼 철학을 공부하고 싶었어요. 그게 아니라면 좋은 글을 쓰는 작가가 되고 싶었어요. 그래서 보통학교를 졸업하면 일본으로 유학을 가겠다고 계획을 세웠어요. 그런데 갑자기 아버지한테 편지가 온 거예요.

### 아들 신규 보아라.

일전에 네가 일본 관립 고등학교에 진학하여 제국 대학에 가겠다는 편지는 잘 받아 보았다.

> 그러나 그간 가세가 많이 기울어 집안 형편이 어려워진 것을 말하지 않을 수 없구나. 일본에 유학 보내 줄 사정이 되지 못하니, 너는 수원고등농림학교 임학과로 진학하거라.
>
> — 아버지가

신규는 너무 실망해서 아무것도 하기 싫었어요. 아버지 말대로 수원고등농림학교에 입학했지만, 수업은 듣는 시늉만 했어요. 체험 실습이라도 나가면 억지로 서 있을 때가 많았어요.

'나무라니, 뭐 어쩌라고? 여긴 내 자리가 아니야!'

그러던 신규가 싹 바뀐 것은 우치무라 간조라는 작가의 책을 읽은 다음이었어요. 간조의 전집 강연 편에 실린 글을 읽고 신규는 움찔했어요.

누구든지 자기 사명을 알고 그 사명대로 살고자 하라. 그 사명대로 살려면 지금 주어진 자리에서 최선을 다하는 일이 곧 자기 사명을 발견하는 길이다.

'지금 주어진 자리'라는 글자가 커다랗게 변하더니 막 반짝이는 것만 같았어요. 그제야 신규 눈에 나무가 들어왔어요.

'너희는 정말 주어진 자리에서 최선을 다해 살아내는구나. 한시도 쉬지 않고!'

신규는 손에 들고 있던 씨앗을 찬찬히 바라보았어요. 작고 무른 이 씨앗 속에 커다란 나무가 들어 있어요. 땅으로 내릴 뿌리, 볕으로 솟을 이파리, 그 사이를 튼튼하게 연결할 줄기! 나무가 신규 손에 있었어요.

신규는 그제야 자신을 둘러싼 나무들에 눈길을 주었어요. 주어진 자리에서 열심히 살아 내는 나무들이 신규 앞에 있었어요. 신규의 자리는 이 나무들을 공부하고 좀 더 쓰임 받게 하는 일이었어요.

'그동안 나는 좀 비겁했어!'

신규는 농림학교 학생이라는 스스로의 자리에 최선을 다해 보고 싶었어요. 그제야 나무와 친해지고 싶어서 나무 공부를 하는 학생이 된 거예요.

확 달라진 신규에게 나무는 새로운 목표가 되었어요. 공부를 하면 할수록 나무가 궁금하고 좋아졌지요. 친구에게 지원금을 받아 일본 규슈대학으로 유학까지 간걸요.

'나무 공부를 제대로 해서 한반도를 꼭 푸르게 만들 거야!'

그러나 대학을 졸업하고 서울로 돌아와 임업시험장에서 일하게 된 신규는 절망에 빠졌어요. 우리나라 한반도는 우리 것이 아니었어요.

우리의 나무도 우리 것이 아니었어요. 우리의 나무는 일본 것이었고, 백두부터 한라까지 한반도의 수많은 나무를 싹싹 긁어 베어 가는 일본에 아무 저항도 할 수 없었으니까요.

일본이 빼앗아 간 것은 나무만이 아니었어요. 신규의 연구를 훔쳐 가기도 했어요.

신규는 소나무에 관심이 많았어요. 우리나라에서 가장 흔한 나무라 헐벗은 산에 심기에도 좋을 거라고

믿었거든요.

 소나무가 스스로 자라는 데 흙의 습도가 미치는 영향을 연구하던 신규는 전기 저항을 이용한 실험 방법이 미국에서 새로 개발되었다는 것을 알고, 동판 전극을 이용한 자기만의 실험을 하고 있었어요.

 그런데 임업시험장에 새로 온 조림 과장 고다로가 채 끝나지도 않은 신규의 실험을 자기가 한 것으로 일

본 학회지에 발표한 거예요. 명백한 도둑질이었지요. 그뿐만이 아니에요. 나무를 연구하는 신규에게 숯을 구워 초산을 만들라는 엉뚱한 일까지 시켰어요.

"대일본제국의 군사 목적에 필요한 일이니, 이유를 불문하고 반드시 실험하시오!"

"하지만……."

신규의 좌절은 깊어졌고 결국 임업시험장을 그만두고 말았어요.

그러나 신규의 머릿속엔 여전히 나무가 그득했어요. 고민 끝에 신규는 집을 팔아 마련한 학비로 규슈 대학 대학원에 입학했어요. 앞으로 나아가기 위해 다시 나무 연구에 매달린 신규를 가족들도 이해해 주었어요.

신규의 실력과 성실함을 잘 아는 고게츠 교수와 사토 교수는 조선인 제자를 진심으로 배려해 주었어요.

"교수님! 저는 나무의 혈청학적 유연관계[3]를 연구하고 싶습니다."

"나무 사이의 단백질이 서로 얼마나 비슷한지 판단하는 실험을 하고 싶다는 말이군. 내가 의학부 하루미츠 교수의 지도를 받을 수 있게 도와주겠네. 연구

[3] 생물들이 분류학적으로 어느 정도 가까운가를 나타내는 관계

비는 걱정하지 말게. 이건 임학의 미래가 달린 아주 중요한 연구 주제니까."

신규는 규슈대학 안에서도 가장 현대적인 학문을 다루는 법의학부에서 연구를 시작했어요. 도시락을 두 개씩 싸서 법의학실에 출근하여 다른 연구실의 불이 모두 꺼질 때까지 혼자 연구했지요.

'아, 나무 연구만 할 수 있는 지금이 정말 좋구나!'

실험은 실패할 때가 훨씬 많았지만, 연구 그 자체로 신규는 행복했어요. 그렇게 끝까지 포기하지 않은 신규는 마침내 여러 종류의 참나무와 밤나무 씨앗에서 뽑아낸 단백질로 면역 반응을 끌어낼 수 있었어요.

신규는 바로 이 〈참나무속과 밤나무속 수목의 혈청학적 유연관계〉 연구로 1949년에 우리나라 최초의 임학 박사 학위를 받았어요.

## 초록 나무가 간절하니까

1945년, 신규가 그토록 바라던 해방이 되었지만 한반도에는 더 큰 혼란이 찾아왔어요. 남북 간에 생각이 갈리면서 38선이 생겨나고 양쪽의 왕래는 점점 더 어려워졌지요.

서둘러 일본에서 돌아온 신규는 수원농림전문학교를 흡수한 서울대학교 농과대학의 교수로 발령받았어요. 그러나 신규의 아내와 세 자녀는 평안북도 숙천에 머물고 있어서 걱정이 많았어요.

결국 신규가 가족을 데리러 갔다가 인민 안전원한테 들켜 큰일 날 뻔한 것을 겨우 도망쳐서 온 가족이 남쪽으로 내려왔어요.

그리고 얼마 후 전쟁이 터졌어요. 신규는 현미경과 측량 장비 등을 챙겨 부랴부랴 가족과 부산으로 피난을 떠났어요. 어디를 가도 황톳빛 벌건 민둥산에 그나마 남은 나무들도 전쟁을 겪고 있었지만, 신규는 어떤 도움도 줄 수가 없어 마음이 무거웠어요.

그런데 어떻게 알았는지 외무부에서 연락이 왔어요.

"미 국무성이 한국 각 분야의 지도자들을 미국으로 불러 선진 문물과 학문을 견학시키려고 합니다. 현신규 박사님은 나무 과학자이시니 미국의 임학과 그 산업에 대해 배워 오시면 좋겠습니다."

신규는 너무 가고 싶었지만 한편으로는 망설여지기도 했어요. 전쟁 중이라 피난처에 가족만 두고 다녀오는 일이 걱정되었으니까요. 신규는 아내와 의논했어요.

"우리 가족은 하나님이 지켜 주실 거예요. 그러니 당신은 마음 편히 다녀오세요."

아내의 말에 힘을 얻은 신규는 그 이튿날 바로 미국으로 출발했어요.

신규는 미국의 여러 주를 돌아다니며 임업시험장

과 연구소들을 둘러보고, 그곳 학자들과 이야기를 나누었어요. 특히 미국 산림국의 도움을 많이 받았는데, 신규는 궁금한 것이나 꼭 들러야 할 곳들을 먼저 청하기도 했어요.

"한국은 무엇보다 헐벗은 산들을 빨리 푸르게 만들어야 합니다. 그래서 특히 소나무에 관심이 많습니다. 제가 일본에서 공부할 때 미국 캘리포니아 지역에서 소나무 개량을 연구한다고 들었습니다. 견학이 가능할까요?"

"캘리포니아 삼림유전연구소 말씀이시지요? 당연히 견학을 주선하겠습니다."

캘리포니아 플래서빌에 있는 삼림유전연구소는 에디라는 사람으로부터 시작되었어요. 목재상이었던 에디는 산에서 소나무를 많이 베어 큰 부자가 되었는데, 죽기 전에 나무에게 지은 죄를 갚고 싶어서 소나무를 공부했대요. 다양한 종류의 소나무를 사다 심고, 과학자들을 모아 수목품종연구소를 열었지요.

바로 이 연구소를 미국 산림국이 인수해서 지금의 캘리포니아 삼림유전연구소가 된 거예요. 그러나 수목원만큼은 에디를 기념하기 위해 그의 이름을 붙여 부르고 있었지요.

신규는 에디 수목원의 소나무들을 처음 보고 두 눈이 휘둥그레졌어요.

"세계 여러 나라의 소나무들뿐 아니라 그것들을 서로 교배해서 새로 만든 잡종 소나무까지 이렇게나 빽빽하다니!"

신규는 당장 삼림유전연구소의 연구실 한 칸을 빌려 소나무 육종을 연구하기 시작했어요. 육종이란 나무가 지닌 유전적 성질을 이용하여 새로운 품종의 나무를 만들어 내거나 기존 나무를 개량하는 걸 말해요.

그동안 신규는 주로 자연림을 연구해 왔어요. 인공

의 힘 없이 스스로 생장하는 산림이나 토양에 대해 더 관심이 많았거든요. 그러나 지금의 한국은 육종학의 힘이 절대적으로 필요했어요.

'황폐한 내 조국의 황톳빛 민둥산에는 초록 나무가 간절하니까…….'

미국으로 견학을 오면서부터 신규가 마음먹은 일이기도 했어요. 지금 스스로 있는 자리에서 최선으로 해내야 할 일을 생각했으니까요.

"여기 리기다소나무가 있네요!"

삼림유전연구소의 라이터 소장과 함께 수목원을 돌아보던 신규는 리기다소나무를 발견하고 반가운 마음에 걸음을 멈추었어요. 리기다소나무는 신규가 수원고등농림학교를 다닐 때, 우에키 선생이 미국에서 들여와 신규도 열심히 심고 가꾸었던 나무거든요.

"리기다소나무 옆에 있는 것이 테다소나무입니다.

저쪽 어딘가 리기다와 테다 둘의 교배종도 있습니다."

라이터 소장이 알려 주었어요. 그런데 교배종의 생장은 좋아 보이지 않았고, 그래서인지 수목원 한구석에 방치되어 있었어요. 리기다의 장점도 테다의 장점도 그닥 보이지 않았고요. 리기다는 추위에 강하고 모래땅에서도 자랄 만큼 힘센 나무지만, 구불구불 자라기 때문에 목재로 쓰기 어렵고 자라는 속도도 느렸어요. 테다는 곧게 빨리 자라지만, 추위에 약한 것이 흠이었고요.

'둘의 교배종이라면 서로의 단점을 보완할 수 있을 것 같은데 어째서 이렇게 상태가 안 좋은 것일까? 우리나라에도 참말 잘 맞는 소나무들 같은데……'

신규는 오랫동안 리기다와 테다의 교배종 앞에 서 있었어요. 한낮이 되면서 따끈한 볕들 사이로 살랑살랑 바람이 불자, 기분 좋은 솔향기가 코를 간질였어요. 그러고 보니 리기다와 테다는 곧 꽃을 피울 시기였어요.

'지금이 4월이니 곧 소나무꽃이 필 테고, 교배해 볼 수 있을 것 같아. 그래! 내가 한번 해 봐야겠다.'

신규는 연구원들한테 교배 방법을 배워 가며 리기다소나무의 어린 암꽃에 미리 교배대를 씌워 두었어요. 교배대는 아주 얇은 천으로 만든 주머니인데, 교배대를 씌워 놓으면 원하지 않는 꽃가루로 교배되는 것을 막아 주거든요. 신규는 리기다의 암꽃이 막 피어날 즈음, 미리 모아 둔 테다의 수꽃 꽃가루를 세심히 발라 주었어요. 그리고 매일 이 교배된 암꽃들을 관찰했어요.

나무가 무럭무럭 제 할 일을 하며 자라는 동안, 신규도 쉬지 않고 일했어요. 에디 수목원의 소나무 종자들에 콜키신이라는 약품을 처리하여 4배체를 만드는 실험을 했어요. 4배체는 염색체가 2배나 많은 변이체인데, 염색체가 많아지면 잎의 크기나 모양, 또 나무의 자라는 모양과 크기가 달라질 수 있어요.

신규는 미국에서의 연구 결과를 논문으로 정리하여 발표하고, 일본과 한국에서 공부했던 결과도 공유하면서 미국의 나무 과학자들과 학문을 나누었어요.

여러모로 신규를 도왔던 라이터 소장은 신규의 교배된 나무들을 잘 챙겨 주었어요.

"이제 종자를 제법 수확할 수 있겠는데요? 축하드립니다, 현신규 박사님!"

"고맙습니다. 여기서 정말 많은 것을 배우고 시도할 수 있었습니다. 늘 곁에서 도와주신 덕분입니다. 제게 잊을 수 없는 곳이 되었어요."

"고국으로 돌아가셔도 박사님이 교배한 소나무는 에디 수목원을 튼실히 지키고 있을 겁니다."

라이터 소장 말대로 신규의 교배된 나무들은 그간 튼튼히 자랐어요. 암꽃이 유난히 큰 편이었던 이 나무는 여름을 나는 동안 건강히 가지를 늘렸고, 다음 해 가을에는 잘 익은 솔방울을 매달았어요. 교배를 시작하고 정확히 17개월 만에 신규는 교배된 솔방울에서 나온 소중한 씨앗을 수백 개나 거둘 수 있었어요.

신규는 보석과도 같은 씨앗들을 보며 생각했어요.

'이 작은 씨앗 속에 귀한 나무가 들었다. 땅속 깊이 파고들 단단한 뿌리, 빛을 향해 쿡쿡 달려갈 이파리, 그사이 수액을 나르며 굵어질 줄기! 우리 한반도 땅에 뿌리를 내리고, 우리 한반도의 햇볕을 받아 새롭게 자랄 리기테다소나무가 말이야!'

# 기적의 소나무 리기테다

한국에 돌아온 신규는 '임목육종연구소'를 세우고, 서울대학교 농과대학 묘포[4]에 리기테다소나무를 심었어요. 미국에서 소중하게 챙겨 온 그 씨앗으로요.

나무는 무럭무럭 자랐어요. 신규와 함께했던 동료와 제자들은 리기테다소나무를 볼 때마다 감탄했어요.

4) 묘목을 기르는 밭

"이 신종 소나무는 뭔가 다릅니다. 생장이 예사롭지 않아요. 추위도 제법 견디고요."

"가지도 쭉 뻗어 곧게 자랍니다. 흙이 덜 좋아도 잘 자라고요."

"우리나라 전국에 심을 수도 있겠어요. 이 정도면 기적의 소나무 아닌가요?"

그러나 신규는 고개를 저었어요. 추위에 잘 견디는 내한성을 좀 더 보완해서 지금보다 나은 품종으로 개량하고 싶었거든요. 신규는 아빠 나무인 테다소나무에 주목했어요. 미국 여러 지역에서 자라는 테다소나무의 종류를 떠올리고, 미국 산림국에 그 꽃가루들을 보내 달라고 요청했어요. 그중에서도 좀 더 추운 북쪽 지역에서 채집한 꽃가루는 더 요긴했지요.

신규는 비행기를 타고 날아온 테다소나무의 꽃가루들을 10년생 리기다 엄마 나무에 교배했어요.

"우선은 리기다소나무의 암꽃에 미리 교배대를 씌웁니다. 다른 꽃가루가 들어가지 못하도록요. 수꽃에서 꽃가루를 날릴 시기가 오면 테다소나무의 꽃가루를 주사기에 담아 교배대 안으로 뿌려 주세요."

신규는 교배 방법을 찬찬히 일러 주며 제자들을 독려했어요. 처음에 수백 개 정도 하던 교배대는 경기도 오산의 리기다소나무 숲으로 자리를 옮기면서 3만 개 이상으로 늘어났어요. 그런데 이 교배는 꽃이 피는 시기에만 할 수 있어서 제자들은 물론이고 가까이

사는 초등학생들까지 나와서 신규를 도왔답니다. 그야말로 대규모의 인공 교배를 실시한 거예요.

오산의 리기다소나무 숲은 약간 경사진 언덕으로 넓게 펼쳐져 있었는데, 소나무꽃이 피는 봄이면 3만 개가 넘는 하얀 교배대가 눈꽃이 핀 듯 바람에 흩날

리며 멋진 풍경이 되었어요. 바로 이 모습을 찍은 사진이 지금도 미국의 임목육종학 교과서에 실려 있답니다.

신규는 리기테다소나무 종자를 거두어 전국으로 보냈어요. 얼마나 잘 크는지 더 정확히 비교해 보려고 리기테다소나무와 리기다소나무를 번갈아 심으라고 했어요. 이제 리기테다소나무를 전국에 심어 시험해 보기로 한 거예요. 과연 사람들은 리기테다소나무가 자라는 모습을 보며 깜짝 놀랐어요.

"정말 대단합니다! 리기다소나무보다 리기테다소나무가 2.5배나 생장이 빨라요."

"곧게 자라는 걸 보니 목재로도 훌륭하겠어요."

"추운 곳에서도 잘 자라요! 정말 대견할 정도예요."

"병충해는 어떻고요! 우리나라 적송을 다 죽인 솔잎혹파리가 리기테다소나무에는 힘도 못 쓰네요. 송

충이에도 끄떡없고요. 우리나라 소나무가 아니라 외국 소나무로 육종한다고 뭐라고 하던 사람들도 있었는데, 교수님의 깊은 뜻이 있었던 거네요."

"그야말로 성공적인 형질 결합이에요. 부모의 좋은 점만 갖고 있다니까요! 기적의 소나무가 맞습니다."

리기테다소나무는 전국적으로 빠르게 심겨 나가며 푸른 산을 만들기 시작했어요. 신규는 그제야 고개를 끄덕였어요. 오랜 꿈이 이제야 물꼬를 텄다는 생각이 들었거든요.

리기테다소나무는 미국에서도 큰 공헌을 했어요. 종자를 보내 달라는 요청을 받고 신규가 보낸 리기테다소나무 씨앗들이 메릴랜드주와 일리노이주 등지에 심겼어요. 이 지역들은 탄광 지대라서 토질이 좋지 않은 곳이었는데도 리기테다소나무들은 쑥쑥 잘 자라서 놀랍도록 성장한 거예요.

미국의 과학자들, 특히 소나무를 더 많이 연구했던 과학자들은 깜짝 놀라서 리기테다소나무의 생장 결과를 앞다투어 학술지와 논문으로 발표했어요. 리기테다소나무는 점점 세계로 퍼져 나가며 세계적으로 가장 유명한 소나무가 되었어요.

이만하면 거드름을 피울 만한데 신규는 쉬지 않았어요. 전라남도 광양에 있는 서울대학교 연습림에서 리기테다소나무를 계속 연구했지요. 씨앗을 많이 얻기 위해 매번 인공 교배를 해야 하는 번거로움을 자연 교배로 바꿔 보려고요. 처음에는 리기다소나무와 테다소나무를 한 줄씩 교대로 심어 자연 교배를 유도했지만 실패했어요. 둘은 꽃 피는 시기가 살짝 달랐거든요. 식물 호르몬이나 약품도 써 보고, 껍질을 벗겨 보는 등 두 나무의 꽃 피는 시기를 맞추어 보려고 여러 가지 시도를 해 보았지만 모두 실패했어요.

"그렇다면 1대가 아니라 2대 종자를 살펴보고, 그들이 자연 교배하도록 두어 봅시다."

신규의 말에 누군가 물었어요.

"하지만 교수님, 2대 잡종은 1대 잡종보다 우수성이 떨어진다는 것이 멘델의 유전 법칙인걸요. 그래도 1대를 가지고 실험하는 것이 낫지 않을까요?"

신규는 고개를 저으며 말했어요.

"우리가 연구하고 실험하는 이유는 그런 법칙들을 넘어서기 위함도 있지요."

이번에도 신규가 옳았어요. 2대 리기테다소나무의 묘목을 심고 관찰한 결과, 자라는 속도나 추위에 견디는 힘이 1대보다 더 좋았어요. 다른 장점들도 비슷했고요.

결국 한국에서는 리기다와 테다 소나무를 힘들여 인공 교배하지 않고, 자연적으로 생긴 2대 리기테다소나무를 심기만 해도 자연 교배로 숲을 만들 수 있다는 결과를 얻은 거예요. 더불어 멘델의 유전 법칙이 모든 식물에 똑같이 적용되지 않는다는 사실도 알게 되었어요.

전쟁 직후 한국에 가장 필요했던 나무는 빨리 자라는 나무였어요. 리기테다소나무도 빨리 자랐지만, 그보다 더 빨리 자라는 나무를 신규는 이탈리아에서 발견했어요.

"이탈리아에서는 포플러를 강변뿐만 아니라 논두렁에도 심었더군요. 이태리포플러는 양버들과 미루나무가 함께 자라면서 자연스럽게 교배가 된 잡종인데, 부모의 어느 쪽보다도 빨리 자랍니다. 하천 부지처럼 홍수가 나서 농사를 지을 수 없는 땅에서도 잘 자란다고 해요. 저는 이 포플러가 우리나라에서도 잘 자랄 것 같아 데려오고 싶습니다."

신규의 계획을 듣고 정부에서도 발 벗고 나섰어요. 신규가 이탈리아에서 들여온 포플러 품종 가운데 우리나라에 가장 알맞은 엄마 나무(I-214)와 아빠 나무(I-476)를 골라 주자, 농림부가 '개량 포플러'라는 이름을 붙여 가로수로 많이 심었어요.

전국의 삼림조합이 나서고 언론사에서도 '포플러 심기' 운동을 벌였어요. 전국은 포플러로 빠르게 푸르러졌어요. 실제로 포플러를 심은 사람들은 이렇게 빨리 자라는 나무가 있다는 것에 놀랐어요.

"개량 포플러는 꺾꽂이가 잘되고 심기도 엄청 쉬워요!"

"어쩌면 그렇게 잘 자라는지 몰라요. 우리 마을은 하천 부지에도 심고 노는 땅에도 심었는데, 재작년에 심은 묘목이 벌써 4미터가 넘게 자랐어요. 아주 깜짝

깜짝 놀란다니까요!”

"나무가 색도 좋고 부드러워요. 그래서 종이도 만들고, 성냥도 만들고, 젓가락도 만들어요. 수익도 많이 나서 아이들 장학금도 만들었어요. 포플러 장학금이요!"

한국의 포플러가 유명해지자, 오히려 이탈리아의 포플러 연구소에서 한국을 찾아오기도 했어요. 이제 한국은 손가락에 꼽을 만큼 유명한 포플러의 나라가 된 거예요.

신규가 보급한 개량 포플러는 우리나라를 빠른 속도로 푸르게 만들었어요. 그러나 그보다 더 중요한 일을 해냈어요. 나무는 베어서 쓰기보다 심는 일이 훨씬 더 중요한 일이라는 것을 많은 사람들에게 알려 준 거예요. 황폐한 국토가 푸르게 변하는 동안, 사람들 마음에도 푸른 희망이 자랐어요.

'나무처럼 우리나라도 성장하고 튼튼히 일어설 것이다. 반드시!'

## 끝까지 나무 과학자

신규는 포플러 연구를 계속했어요.

"소나무에 비하면 포플러는 훨씬 쉽고 빠르다는 장점이 있지. 소나무는 봄철 살아 있는 나무에서만 교배가 가능하고 씨앗을 얻으려면 1년 반이나 기다려야 하지만, 포플러는 한겨울에도 가지를 잘라서 온실에서 교배할 수 있으니까. 종자도 금방 익어서 단 2개

월이면 되거든. 우리 연구는 수많은 포플러 종류들을 교배해서 가장 우수한 잡종 강세[5]를 찾아내는 걸세."

 신규가 제자들에게 알려 준 포플러 종류의 교배 조합법은 700가지도 넘었어요. 그중 우리나라에 자생하던 은백양과 사시나무의 교배가 눈에 띄게 생장이 좋았어요. 사실 이 나무는 이미 자연적으로 교배가 이루어져서 '은사시나무'라는 이름의 잡종 포플러로 알려져 있었어요. 그런데 신규가 서울대학교 연습림이 있던 수원에서 인공 교배에 성공하면서 '은수원사시나무'라는 이름을 새로 붙였는데, 이 나무는 어떤 포플러 종류보다 훌륭했어요.

 "물이 적은 곳에서도 잘 자라는 포플러! 경사진 산지에서도 잘 자라는 포플러! 이게 말이 되나요?"

 "이태리포플러의 단점이 하나도 없어요."

5) 잡종 자손의 형질이 부모보다 우수하게 나타나는 현상

그러나 사람들이 놀라기는 아직 일렀어요. 신규는 은백양을 엄마 나무로, 사시나무를 아빠 나무로 하여 계속 개량에 애썼어요.

"은백양은 건조한 환경에서도 빨리 잘 자라지. 꺾꽂이도 잘되고. 또 사시나무는 무엇보다 곧게 자라. 부모의 이런 좋은 점만 닮은 더 우수한 나무를 만들어 보자."

신규는 계속 연구한 끝에 15계통이나 되는 품종을 만들었어요. 이 품종들은 전국으로 보급되며 빨리 자랐어요. 평지에서도, 산자락의 경사진 곳에서도 무럭무럭 자랐지요. 잎이 많아 짙은 그늘을 만들었어요. 그래서 대기 오염을 줄여 주는 역할도 톡톡히 했어요. 가지치기하면 싹이 잘 나서 소생도 잘되었지요. 자를 대고 그린 것처럼 곧게 자라는 은수원사시나무의 하얀 가지를 볼 때마다 사람들은 마음이 시원해졌

어요.

　신규가 개량한 은수원사시나무가 전국적으로 보급되면서 대규모 은수원사시나무 숲들이 생겨나기 시작했어요. 당시는 박정희 대통령이 정부를 이끌던 때였어요. 평소 은수원사시나무를 칭찬하던 박 대통령은 식목일마다 특별히 은수원사시나무를 많이 심으라고 연설했어요.

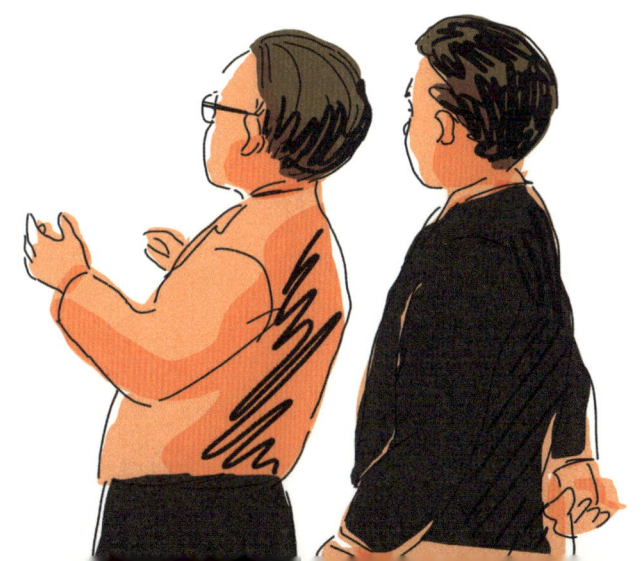

"우리는 은수원사시나무를 많이 심어야 합니다. 아, 우선 이 나무의 이름부터 바꿔 부릅시다. 은수원사시나무 말고 현 교수님의 이름을 따서 현사시나무로요. 이제부터 이 나무는 현사시나무입니다."

대통령의 말에 산림청은 '현사시나무'를 공식 이름으로 사용하기 시작했어요. 몹시 당황한 신규가 반대했지만 소용없었지요.

그러나 신규는 현사시나무라는 이름을 쓰지 않고 학술 용어인 '은수원사시나무'라는 이름을 썼어요. 스스로를 기념하거나 높이는 일은 옳지 않다고 생각한 거예요.

외국에서도 은수원사시나무에 대한 관심이 점점 커졌어요. 특히 포플러 낙엽병 때문에 골치를 앓던 뉴질랜드에서 은수원사시나무를 수입하고 싶어 했어요. 이 나무가 낙엽병의 원인이 되는 녹병균에 강하다는 것을 확인하고, 뉴질랜드 전역에 커다란 숲을 만들 계획을 세운 거예요. 그리고 신규에게 아주 특별한 부탁도 했지요.

"현신규 박사님! 뉴질랜드에서는 한국에서 보내 준 '현사시나무'에 새로운 영어 이름을 붙여 보려고 합니다. 박사님이 이름을 지어 주실 수 있을까요?"

"물론입니다. 기쁜 마음으로 이름을 지어 보내겠습니다."

신규는 대한민국의 나무라는 특별한 의미를 더하는 이름을 짓고 싶었어요. 오랜 생각 끝에 신규는 Yogi No.1(여기 1번), Yogi No.2(여기 2번)라는 이름을 지어 보냈어요.

"Yogi(여기)라는 이름은 은수원사시나무의 아빠 나무인 사시나무가 처음으로 발견된 수원시 서둔동의 여기산에서 따온 것입니다. 여기산은 한국의 가장 훌륭한 농업 육종학자 우장춘 박사를 기리는 곳이기도 합니다. 부디 뉴질랜드에서 더 건강하고 아름답게 자랄 Yogi 나무들을 응원합니다."

요즘도 현사시나무라고 많이 불리는 은수원사시나무는 근래 들어 환경을 정화시키는 환경 나무로 새로운 관심을 받고 있어요. 오염된 흙에서 중금속을 빨아들이고 깨끗한 산소를 뿜어내는 광합성 능력이 밝혀지면서 쓰레기 매립지나 축산 폐수가 나오는 곳에 많이 심기를 권하고 있지요.

신규는 평생을 학자로서 연구하는 일을 가장 자랑스럽게 여겼지만, 억지로 농촌진흥청장을 떠맡은 적이 있어요. 이때 신규는 '전국 정밀 토양조사사업'을 벌여서 우리나라 최초로 전국 토양도를 작성했어요.

전국의 농토를 진흙이나 미사, 모래의 혼합 비율 등

을 기준으로 나누어서 얼마나 비옥한지 어떤 문제가 있는지 진단한 거예요. 그에 따라 땅의 힘을 늘리기 위한 과학적인 처방을 내려 농토를 개량하고 농사를 도왔지요. 그러나 역시 행정과 연구를 함께하려니 무리가 되어 신규는 마음이 너무 어려웠어요.

'연구실에 있으면 농업진흥청의 업무가 짐이 되고, 농업진흥청에 있으면 연구실 진행에 마음이 쓰이니……. 이러다 아무것도 제대로 못 하겠어.'

계속 그만두고 싶었던 청장 자리는 2년이 다 되어서야 내려놓을 수 있었어요. 그 이후 신규는 연구에 더욱 귀한 마음을 가지고 매달렸어요.

일본에서 열리는 FAO(국제연합식량농업기구) 아시아 태평양지역 임업회의에 참가했던 신규는 오랜만에 모교인 규슈대학을 찾았어요. 학생 시절, 배움에 행복했던 옛날이 떠올라서 신규는 가슴이 두근두근했지

요. 고게츠 교수는 은퇴 후 사사구리라는 작은 마을에서 농부처럼 살고 있었어요. 사토 교수와 함께 고게츠 교수를 만난 신규는 또 한 번 감동했어요. 늙디늙은 옛 스승이 신규에게 당부했거든요.

"돈이나 벼슬에 욕심을 내서는 안 되네. 정부도 부르고 회사도 부르겠지. 학교에서도 학장직을 내줄지 모르네. 그러나 그 어떤 일도 우리가 학자라는 사실보다 중요치 않네. 우리는 학문에 일생을 걸었지. 자네도 바로 그 길을 가게나!"

신규는 눈가가 다 촉촉했어요. 은사들의 말처럼 일평생 나무 과학자 현신규로 살겠다고 다짐한 어릴 적이 떠올랐거든요. 신규는 새 마음을 가지고 돌아와 더욱더 열심히 연구에 매진했어요.

"무슨 퇴임식을 그리 거창하게 한다는 거야?"

화를 잘 내지 않는 신규의 얼굴이 찌푸려진 것도 모르고 제자들은 신이 나서 떠들었어요. 47년이나 임학에 몸을 바친 스승의 정년 퇴임식을 거창하게 치러 주고 싶었으니까요. 이것저것 준비하겠다며 다들 나섰지요. 그러나 신규는 제자들에게 조용히 일렀어요.

"내가 원하는 것은 그런 게 아닐세. 스승의 마음을 알아준다면 부디 화려한 퇴임식이 아니라 한결같은 마음을 약속해 주게. 그간 내가 모은 도서를 모두 학교 도서관에 기증하기로 했네. 챙겨 보니 1만 4천여 권이 넘더군. 하나하나 다 소중한 자료들이니 그것들을 살피며 부디 열심히 공부해서 열매를 맺는 결과를 보게나. 그리고 내가 만든 장학금이 끊어지지 않고 학생들에게 지급되도록 돌봐 주게. 그리하는 것이 나의 퇴임을 진심으로 기념하는 것일세."

  신규의 말에 제자들은 가만히 고개를 끄덕였어요.

정년 퇴임을 하고 나서도 신규는 연구소로 매일 출근했어요. 학생들을 가르치는 시간 대신 연구에 매진할 시간이 더욱 많아진 신규는 보다 새로운 육종 방법에 관심을 가졌어요. 특히 동물과 다르게 세포 하나를 떼어 내도 완전하게 자랄 수 있는 식물의 성질을 이용하는 '조직 배양'과 유전자나 DNA 조작 등을 연구하는 '유전 공학'에 큰 관심을 가졌지요.

실제로 선진국의 기술을 직접 돌아본 신규는 연구소의 연구 방향들을 설정하고, 연구원들을 유학 보내어 공부하게 했어요. 해외로 공부하러 가는 학생이나 연구원들이 있을 때면 신규는 기꺼이 정성스러운 추천서를 써 주었어요.

모두들 신규의 추천서에 감동했지만 신규는 나무를 공부하겠다는 후배들에게 감사했어요. 그리고 매일매일 나무를 연구할 수 있는 지금에 감사했지요.

'죽는 그 날까지 나무를 연구할 것이다. 나는 나무 과학자니까. 끝까지 나무 과학자!'

## 에필로그

친구들 안녕! 나는 현사시나무라고도 불리는 은수원사시나무 씨앗이야. 나도 봉화군 시드볼트에 있는데, 여기서 일하는 연구원들은 모두 현신규 박사님의 후배들이지.

연구원들은 우리 씨앗들을 저장할 때마다 이렇게 속삭이곤 해.

"너희들은 미래를 위한 준비란다. 우리에 앞서 지금을 준비한 선배님들처럼 우리도 언제나 나무가 존재하는 세상을 준비하고 있어."

 자연과 식물을 지키는 일은 어쩌면 지구에서 가장 중요한 일일지도 몰라. 그렇다면 현신규 박사님과 나무 과학자들은 모두 슈퍼 히어로인 셈! 현신규 박사님 이야기를 읽은 너희도 나무와 자연을 지키는 일에 애써 줄 거지?

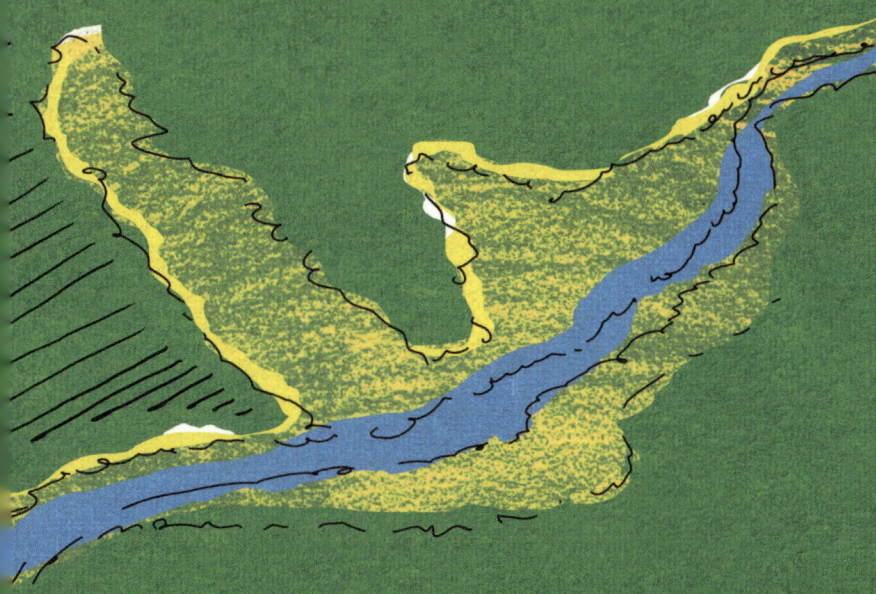

· 더 알아봐요 ·

### 헐벗은 민둥산을 녹색으로 뒤덮은 나무 과학자
# 현신규 (1912~1986)

　현신규는 1912년 평안남도에서 태어났어요. 그는 안주공립보통학교를 거쳐 오산중학교와 휘문고등보통학교를 다녔어요. 당시는 일제 강점기여서 일제가 일본식 교육을 강요하는 정책이 한창이었지요. 그러나 현신규가 다닌 학교에는 민족 사상과 독립을 이야기하는 훌륭한 한국인 선생님이 있어 그의 장래에 큰 영향을 미쳐요.

현신규의 어릴 적 꿈은 나무 과학자가 아니었어요. 문학이나 철학을 전공하고 싶었지만 아버지의 뜻에 따라 수원고등농림학교에 입학해요. 이 무렵 그는 원했던 학문을 할 수 없는 비참한 마음에 방황을 해요. 그렇지만 우치무라 간조의 책을 읽은 후 큰 깨달음을 얻고 학업에 전념하게 되지요.

이후 현신규는 친구 정희섭의 도움으로 일본 규슈대학으로 유학을 떠나 농학부에서 공부해요. 실습으로 한국의 사방공사(산사태 등을 방지하기 위해 실시하는 공사) 현장을 견학하면서 목격한 한국의 황폐한 산. 그는 마음속으로 눈물을 흘리며 그의 사명은 조국의 산을 푸르게 하는 일임을 더욱 분명히 알게 되지요.

졸업 후 현신규는 조선총독부의 임업시험장에서 일하였지만 관료주의에 회의를 느끼고 나무 연구를 더욱 하고 싶어 규슈대학 대학원에 입학해요. 그리고 1949년 「수목의 혈청학적 유연관계」 논문을 써서 한국인 최초로 임학 박사 학위를 받아요.

한국으로 돌아온 현신규는 자기 사명대로 한국의 임학 발전을 위해 더욱 노력해요. 1953년 서울대학교 농과대학에 임목육종연구소를 설립했어요. 이 연구소는 나중에 국가 기관으로 독립하여 1980년대에는 세계에서 가장 큰 규모이면서 잘 알려진 임목육종연구소로 발돋움하게 돼요.

그리고 현신규의 가장 큰 업적이자 한국 산림에 기적을 일으킨 나무, 리기테다소나무와 은수원사시나무 이야기를 빼놓을 수 없어요.

리기다소나무의 암꽃과 테다소나무의 꽃가루를 교배해 개량한 리기테다소나무는 추위에 강하고 척박한 땅에서도 잘 자라 기적의 소나무라 불리며 한국의 산림을 빠르게 녹화하여 전 세계를 놀라게 했어요.

현신규의 성을 붙여 현사시나무라는 별칭으로 불리는 은수원사시나무는 평지와 하천 부지에서만 심을 수 있는 이태리포플러의 단점을 없애고 새로 개량하여 비탈진 곳에서도 잘 자라요.

현신규의 이러한 연구와 노력 덕분에 한국의 산림은 단기간에 황톳빛 민둥산에서 푸른 녹색으로 물들게 되었어요. 또한 유엔식량농업기구는 "제2차 세계대전 이후 산림 복구에 성공한 유일한 나라"라며 극찬했지요.

투철한 소명 의식을 갖고 평생을 나무 연구에 바친 현신규는 1986년 별세하기 직전까지도 세계임업연구기관연합회 대회에 참석하는 등 마지막까지도 연구자로서의 열정을 잃지 않았어요.

현신규는 2001년 산림청 '숲의 명예 전당'과 2003년 과학기술부 '과학기술인 명예의 전당'에 헌정되었어요.

## 사진으로 보는 현신규

1930년대 수원고등농림학교의 기숙사. 조선 학생들은 일본 학생들과 다른 기숙사에서 지냈으며, 초기에는 서로 다른 교복을 입었다.

서울대학교 농대 연구실에서 슬라이드를 보고 있는 현신규 박사

규슈대학 박사 학위 수여증. 임학 분야로는 한국 최초이다.

1930년대 후반, 경상남도 거창군 남상면의 사방공사 현장

미국 캘리포니아에 있는 삼림유전연구소

서울대학교 농과대학에 지은
한국 최초의 임목육종연구소

경기도 오산에서 실시된 인공교배 광경은 국제학회지와
미국 임목육종학 교과서 등에 소개되었다.

소나무 접목 묘목.
가지를 접붙이기하여
엄마 나무와 똑같은
우수한 묘목을 만든다.

## 리기테다소나무

　현신규 박사가 리기다소나무와 테다소나무의 우수한 형질을 인공적으로 교배해서 개량한 소나무입니다.

　리기테다소나무는 뾰족한 잎을 가진 침엽수로 씨가 겉

┄┄● 리기테다소나무 유성 조림지

으로 드러나는 겉씨식물이며, 방울열매를 만드는 구과식물입니다. 높이 30m, 지름 1m까지 자라며 나무의 표면은 매우 거칠고 결이 곧게 뻗습니다.

　리기다소나무와 테다소나무는 모두 미국에서 들여온 도입종입니다. 리기다소나무는 추위에 잘 견디고 메마른 땅에서도 잘 자라지만, 자라는 속도가 느리고 곧게 자라지 않아 목재로 쓰기 어려운 단점이 있습니다. 테다소나무는 곧게 빨리 자라고 재질이 뛰어나지만 추위에 약한 것이 단점입니다.

　둘의 단점을 보완한 리기테다소나무는 추위에 강하고 척박한 땅에서도 잘 자라며 곧고 빠르게 잘 자라 건축재로도 적합합니다. 리기테다소나무는 기적의 소나무라 불리며 헐벗은 우리 산을 빠르게 녹화하는 데 큰 공을 세웠습니다.

## 은수원사시나무

현사시나무라고도 불리는 은수원사시나무는 버드나무목의 쌍떡잎식물이며 속씨식물입니다.

유럽 원산의 은백양과 수원의 사시나무를 교배해서 개

강원도 춘천 천전리 은수원사시나무 시험지. 자로 대고 그린 듯 곧게 자란 은수원사시나무로 인해 아름다운 숲으로 유명하다.

량한 포플러입니다.

　은백양은 19세기 후반부터 우리나라에 도입되어 자라고 있는 포플러였는데 꺾꽂이도 잘되고, 성장 속도가 빠르며 메마른 땅에서도 잘 자랍니다. 그러나 곧게 자라지 않아서 목재로는 좋지 않은 단점이 있었습니다. 반면 수원의 여기산에서 처음 발견된 사시나무는 경사진 산에서도 잘 자라고 곧게 자라지만 생장이 느리고 꺾꽂이가 잘 안 되었습니다.

　현신규 박사는 이 둘의 우수한 형질을 각각 아빠 나무와 엄마 나무로 삼아 부모의 우수한 형질을 모두 갖추고 나아가 더 뛰어난 생장을 보이는 잡종강세 현상을 가진 은수원사시나무를 만들었습니다. 경사진 산에서도 잘 자라는 은수원사시나무의 개발은 평지나 하천 부지에만 심을 수 있는 이태리포플러의 한계를 극복한 획기적인 성과였습니다.

## 종자 저장소 시드볼트는 어떤 곳일까요?

　시드볼트란 종자를 뜻하는 '시드(Seed)'와 금고를 뜻하는 '볼트(Vault)'가 합쳐져 '종자를 보관하는 금고'를 뜻합니다. 시드볼트는 식물의 종자를 영구적으로 저장하여 기후 변화, 서식지 파괴 등으로 인해 식물 종이 사라지는 것을 막기 위해 운영되고 있습니다.

　전 세계에 두 곳의 시트볼트가 있습니다. 노르웨이 스발바르 시드볼트에서는 농업 작물 종자를 저장하고 있지만, 한국의 백두대간 글로벌 시드볼트에서는 야생식물 종자를 저장하고 있습니다.

　야생식물 종자는 야생에 사는 모든 식물의 종자를 말합니다. 우리나라는 산림 비율이 63.7%로 OECD 국가 중 4위를 차지할 만큼 국토 대비 산림 비율이 높아 야생식물

경상북도 봉화군에 위치한 시드볼트

이 많습니다. 그리고 야생식물 가운데 아직 그 쓰임새가 밝혀지지 않은 식물이 많아 무한한 잠재력을 가지고 있습니다.

    한국의 시드볼트는 2015년 시설을 완공한 뒤 종자 저장을 시작하였습니다. 저장 용량은 200만 점 이상이며, 2021년 3월 기준 약 10만여 점이 저장되어 있습니다. 국가 보안 시설로 지정되었으며 산림청 산하 한국수목원정

종자 저장소는 영하 20℃의 온도와 일정한 습도를 유지한다.

원관리원에서 운영합니다.

외부의 기후와 온도에 영향을 받지 않도록 지하에 터널형으로 건설하였으며, 지진을 견딜 수 있도록 설계되어 있습니다. 또한 영하 20℃의 온도와 일정한 습도를 유지하는 시스템이 작동되고 있습니다.

## 나무와 나

시드볼트 이야기를 들었어요. 전 세계에 딱 두 곳! 노르웨이와 우리나라에만 있다는 씨앗 금고 말이에요. 혹시 있을지 모를 자연재해나 전쟁, 핵폭발 같은 지구의 대재앙으로부터 식물의 멸종을 막기 위해 그 씨앗들을 보관한다고요. 시드볼트 이야기를 듣고 나는 두 가지 생각이 동시에 들었어요.

'와! 우리나라에 있다니 정말 근사하다.'

자부심에 저절로 웃는 얼굴이 되더라고요.

'하지만 시드볼트는 안 열리면 좋겠다. 그 씨앗들을 사용할 때가 온다는 건…….'

지구의 멸망이라는 극단적인 상황을 대비하는 시드볼트를 떠올리니 무섭기도 했거든요.

어찌 되었든 씨앗은 인류에게 가장 중요한 보물이라는 사실만큼은 틀림없는 일 같아요. 이 작은 씨앗들이 품고 있는 거대한 자연을 떠올려 보면 그 생각만으로도 엄숙해져요. 그 자리에 붙박여 한순간도 쉬지 않고 성장하는 나무에게서는 배울 점이 한두 가지가 아니니까요.

현신규 박사님은 바로 그런 이유로 나무를 평생 연구하고, 또 나무처럼 사셨다는 생각이 들어요. 나무를 연구하여 새로운 종의 나무도 개발했지만, 나무에게서 배운 가치들을 몸소 실천하셨으니까요. 자신의 자리에서 최선을 다하고, 주어진 것 외에 욕심 없이 매 순간 성실하게 일하고, 그리하여 정직한 열매만을 바랐으니까요.

현신규 박사님의 뜻이 대한민국 모든 나무 과학자들에게 전해져 씨앗 하나하나 소중하게 연구되고 있다는 생각을 하면, 우리의 산과 나무들이 참 든든하다는 생각이 들어요. 나무 과학자는 아니지만 우리도 분명 나무를 소중히 돌볼 이유가 있고요.

누군가 나무는 공간이 아니라 시간을 여행한다고 말하는 것을 듣고 고개를 끄덕끄덕한 적이 있어요. 그런 나무들에게 짐을 잘 챙겨 주는 일이 우리가 해야 할 일 같아요. 긴 여행에 필요한 것과 불필요한 것을 가려 주고, 중요하고 안전한 것도 잘 챙겨 주고요. 그렇게 우리도 나무를 돌보며 나무처럼 살았으면 좋겠어요. 성실하게 성장하고 알찬 열매를 맺으면서요.

유영소